여전히 안녕하신지요?

정진용 시집

문학의전당 시인선
0250

여전히 안녕하신지요?

정진용 시집

문학의전당

서문

늦은 저녁때 오는 눈발은 말집 호롱불 밑에 붐비다
늦은 저녁때 오는 눈발은 조랑말 발굽 밑에 붐비다
늦은 저녁때 오는 눈발은 여물 써는 소리에 붐비다
늦은 저녁때 오는 눈발은 변두리 빈터만 다니며 붐비다

'눈물의 시인'이라는 박용래의 「저녁 눈」입니다. 늦은 저녁 눈발이 닿는 풍경은 고관대작의 처마도 아니고 열두 폭 치마 입은 마님의 가마도 아닙니다. 마구간과 말발굽과 변두리 빈터, 그러니까 세상의 가장 낮은 곳으로 시인은 시선을 보냅니다.

정진용 님의 시를 읽다 보면 박용래 시인이 자연스럽게 겹쳐집니다. 그는 잡초와 뱀과 목 잘린 가로수 등 작은 것에 애정과 연민을 보냅니다. 잡초는 "이 땅의 모든 걸 돋워주는 여백"이라 받들고, 뱀은 "사노라 살면서 몸통에 적립하던 피로와 짜증"이라 변호하고, 가로수는 "오금에라도 싹 틔우고 발가락으로라도 잎 쳐들" 강한 생명력의 현신으로 칭송합니다.

언젠가 모임 〈한량〉의 단체방에 그가 사진을 하나 올린 적 있습니다. 수풀 속 둥지에는 알 몇 개가 있었습니다. 자전거를 타고 가다 발견했다, 했습니다. 그의 사진, 그의 설명 마디마다 어린 생명에 대한 감동과 사랑과 조심스러움이 뚝뚝 담겨 있었습니다. 페달을 밟으며 앞으로 달리다가도 맞바람 속에서 생명의 소리를 듣는 그의 놀라운 청각, 그것은 글에서건, 실제에서건 그가 참으로 여리고 좋은 사람이기 때문일 것입니다.

세상을 향한 그의 자애로움이 서정과 풍경에 머물지 않고 현실 밖으로 뛰쳐나오는 것도 그의 시가 가진 실존적 힘입니다. 「이팝나무」, 「낙화」의 시에서는 우리가 함께 아파해야 할 팽목의 비명이 물컹물컹 전해져옵니다. 그의 시가 보여주는 또 하나의 경이로움은 현실 저 밖의 시공간과 신화 속으로 확장되는 상상력입니다. 역사와 가계도를 노래하는 그는 어느 순간 티베트와 타클라마칸 사막과 카파도키아로 여행을 하고 메소포타미아와 촉나라로 거슬러갑니다. 이런 너른 광역대의 시적 보폭이 그의 시를 아껴 읽을 수밖에 없는 비법이겠지요.

마지막으로 그의 시 「함박눈」을 이곳에 필사합니다.

> 저 하늘 거위들 아프겠다
> 뭉텅뭉텅 뽑힌 제 가슴 털로
> 이 땅의 겨울 덮느라 참 아프겠다
> 지상에서처럼 또 아프겠다

이쯤이면 '눈물의 시인'과 비교해도 무색하지 않지요? 함박눈을 하늘나라 거위의 가슴털이라 생각하며 가슴 아파하는 그의 세밀한 감성, '오지랖별에서 온 시인'이라는 애칭이 어울릴 법도 하지 않나요?

—『그렇게, 아버지가 된다』의 작가 윤용인

시인의 말

칼은 이렇게 쓰리라

가슴 깊은 숨으로 칼을 뽑되
푸른 날을 거둔 뒤엔 붉은 그림이 일도록

짧고

쉽게

2017년 봄 문턱에서
정진용

차례

제2부 따따부따

제3부 아옹다옹

제4부 괴발개발

제1부 사풋사풋

뱀

당신
산길 걷다 뱀을 만나면 나인 줄 아시게

바득바득 살면서 몸통에 적립하던
피로와 짜증을 해약하러 산엘 갔는데

오르막 앞에 자백하는 날숨 따라
명치 깊이 박혔던 불덩이나 얼음장 같은 것이
쉿 쉬잇 나와 최후진술처럼 기어 나와

나무 그늘에서 열을 식히거나
바위너설에서 몸을 데우고 있을 것인데

당신
산에서 뱀을 만나면 난 줄 아시게
내 심장 깊이 웅크리고 있었던
이무기인 줄 아시게

산책

이슬 털며 걷는 산길
내 사는 것처럼 싱겁습니다

쏴
매미들이 폭포수 풀어놓습니다
꼭두서니, 소루쟁이, 가죽나무, 오리나무,
떡갈나무…… 상긋 웃습니다
죄스럽게도 이름 익히지 못한 풀이며 나무는
이름 부르지 못해도 뭐라 않습니다

볼 사람 없어도 꽃은 피고
배웅하는 사람 없어도 꽃은 지고
멀리 수탉의 느긋한 울음이 산 오릅니다
뒤질세라 개들의 아우성 달려옵니다

제 눈물에 휩쓸려 갈지라도
이 모든 것 두고 내일로 가야 할 때

무덤 곁 상수리 나뭇잎이 바람이랑 노닥댑니다
금세 떠날 이슬 아무렇지도 않은 듯

적벽강

바닷가 모래밭에 찍힌
고라니 발자국을 따라가다
너럭바위 부근에서 놓쳤습니다
이리저리 발자국 찾다 책을 봤습니다
행성 지구가 아주 옛날부터 쓴 겁니다
바다에 다다른 온갖 이야기 중에
떠날 것은 떠나고 남을 것만 남은 것을
꽁꽁 묶었습니다 이걸 알려주려
고라니가 모래밭에 보람 남긴 겁니다
책 속의 이야기는 아직 미완인지
파도가 거듭거듭 다듬고 있습니다
솨솨 바람도 소리 내어 거들고 있습니다
밀물이 되면 먼 바다 얘기 듣고 온 물결이
생뚱맞은 곳은 없는지 다시 손볼 겁니다
막히는 곳은 몇 번이고 들춰보면서
완벽을 향해 거듭 갈고닦을 겁니다
얼핏 책을 보고 돌아서는 길
고라니가 길을 잃은 까닭을 알겠습니다

체면

폭염이 창궐하는 시골 역에서
꾸물꾸물 기차를 기다리는 사내를
넥타이가 겨우겨우 붙들고 있었다

초승달

나
당신의 눈썹을 보고
망각의 골방 뒤져보면

당신 갖신을 지으면서도
당신 눈매 생각하다 서걱, 반월도에
손가락 물린 적 있습니다

당신 눈썹이 이끄는 대로 당신을 찾아
월아천 지났습니다 타클라마칸 사막도 건넜습니다

카파도키아 동굴 여관에서
당신이 크레타 섬에 있다는 바람의 말 듣고
지중해 범선을 탔을 때 당신을 만났습니다만

니캅 속 당신의 눈썹이 건네는
다마스커스 검의 서슬을 그대로 받아들고
나 홀로 순교처럼 돌아섰습니다

안녕, 내내 안녕
내 눈에서 도려낸 당신의 눈썹을
메소포타미아 하늘에 걸어놓고는
그게 다일 줄 알았는데
다시 살아 당신 만날 줄이야

당신 때문에 밤 뒤집을 줄이야
히말라야 바람 앞의 룽다처럼 밤 뒤집을 줄이야

진경산수도

뚝
자이로드롭처럼
기온이 곤두박질친 겨울 앞에

훌훌
옷 다 벗은
먼 산등성이 나무는

오스스
소름으로 일어선 거웃,

오래된 창녀가
밥 지을 때 드러내는

풀

내 이름 모른다고
잡초, 잡초라 하지 마라

내가 당신 이름 모른다고
당신한테 잡것이라 하더냐

봄

1

당신 앞에서
사나흘만 앓다
사나흘만 지랄같이 앓다

스스로 목을 치는 동백처럼
뚝 뚝 동백처럼 당신을 잊으리라

2

술 되게 마시고
혼절처럼 자고 일어났더니
당신이 데려온 꽃 다 졌더라

꽃 다 졌는데 하나도 아프지 않더라

3

당신 등짝 보고 더는 아파하지 않겠다

때맞춰 사랑했으니
무에 아쉬울 게 있으랴

이별이 두려워
시작조차 못한 사랑도 있는데

별

1

아이 눈을 보면
파닥파닥 별이 빛난다 그래
사람이 죽으면 별이 된다, 했겠지

2

섣달 그믐밤에
비정규직 노동자처럼 밤 타고 고향 가는 길

하늘 등불이 세상으로 내려와
시골 마을 밝히고 있다

이미 별이 된 수많은 사람들
하늘 창에 숭숭 구멍 뚫고
이 땅의 안부 들여다보고 있다

3

오랜만에 손주 안아 보는

아버지 두 눈에 초승달 싱싱하다

그 하회탈 웃음 챙겨와
별빛과 동무하던 어느 날
아버지의 목낫이 하늘로 마중 나와
그래 괜찮니, 묻기에 하얗게 웃었다

사는 게 한입 물어뜯은 저 하늘의 뻥튀기 같아

4
시골집서 잠을 자다
오줌 마려워 방을 나선다 산골 마당으로
한겨울 개울 물소리 속살속살 올라온다 하늘은
여기저기 별 내건다 별을 사랑한 사람이
등불 만들었다 사람들은 등불 바글대는
도시로 몰려갔다 나도 그 뒤를
쫄래쫄래 따라갔다 다른 많은 사람처럼
항성이 되지 못했다 위성도

못 되었다 몇몇 항성의 배경으로 살면서
별을 잊었다 나의 하늘은 식어버린
치킨처럼 뻣뻣하다 별을 흐놀던 날개는
뭉툭 짧아져 그림자 가누기도 벅차다 한때
하늘이 머물렀던 눈엔 지상의 별 가득하다
아리잠직한 별을 잊고 코앞에 있는 사람의
별만 바라본다 모든 걸 불빛 밝기로 셈한다
숫스런 날의 하늘은 산바람 앞의 불알처럼
움츠러들었다 반짝반짝 별은
몸을 버린 오줌처럼 가뭇없다 이제
나의 하늘, 나의 별은 내가 버리고
내가 못 잊는 시골에 왔을 때만 꺼내본다
자선냄비에 적선하듯

5

사람은 죽어 별이 된다, 했다
이 말을 뒤집어보면 나 또한 별에서 왔다는 얘기

하늘에서 가장 빛나는 것을 갖고 왔으나
그때처럼 빛날 수 없어
네온사인 뒷골목에서 빛 찾을까
술잔 속에서 별 찾을까 홀짝홀짝 지축 뒤집다
여기저기 둘러보면 별만 빛나는 건 아니기에
비틀비틀 걸음 추스르고

남은 등불 다 사른 뒤
나 하늘로 돌아가면
하늘에서 갖고 온 것 축낸 만큼 빛날 터

그래 사람이 죽으면 별이 된다, 했겠지

당신은
—『나쁜 초콜릿』 독후감

당신은 왜 초콜릿을 먹는가
초콜릿이 기분 전환, 우울증 치료, 천식과 기침,
노화 방지에 좋다는데 그 훌륭한 얘긴 누가 했을까 한때
유럽에선 소화를 돕기 위해 장기부전 치료를 위해
초콜릿을 썼다는데 그 얘기 값은 누가 치렀을까

그 용한 초콜릿 들여다보면

아주 옛날 올메크 여인이
테오브로마 카카오 거둔다 아즈텍의 노예가
카카오 거둔다 혀로 일하는 사람이 마실
카카후아틀 만든다 원두 불린다 말린다 잘간다
꽃 넣는다 고추 넣는다 허브 넣는다 바닐라 넣는다
색깔 섞는다 하여 카카후아틀은 맛있다

수염 길고 살결 흰 사람이 아즈텍에 온다
선교처럼 원주민 학살한다 복음처럼 질병 퍼트린다
죽은 사람이 산 사람보다 많다 몇 곱절 많다 살아남은

인디오는 카카오 거둔다 엥코미엔다에서 카카오
거둔다 때문에 에스파냐의 카카후아틀은 달콤하다
카리브의 설탕으로 더욱 달콤하다

교회는 은총처럼 노예제 인가한다
저 잘난 줄만 아는 인간이 아프리카 사람들 사로잡는다
멍에 씌운다 낙인찍는다 사슬 묶는다 배에 싣는다
대서양 건넌다 죽지 못한 노예는 카카오 거둔다
종신토록 거둔다 그래 유럽의 입맛은 고상하다
그들만의 믿음처럼 고상하다

저만 아는 인간이 힘없는 사람의 손가락 자른다
약한 사람은 계약서에 서명한다 계약은 합법이다 효력은
완벽하다 근로자는 약속 지킨다 카카오 거둔다
땡볕 거둔다 품삯은 일용할 양식, 오로지
살아있는 날의 끼니뿐 그동안 유럽 사람은
초콜릿하우스에서 초콜릿 마신다 초콜릿 더불어
자유, 인권, 정의 논한다

감미롭다 초콜릿은
감미롭다 주둥이만 천국에 갈 인간의 탐욕으로
감미롭다 맑고 깨끗한 영혼을 많이 품고 있을수록 더욱
감미롭다 상간처럼 감미롭다 그래서 당신도 초콜릿을
먹는가 당신의 한때 군것질 값은 눈빛 깊은
아프리카 아이의 며칠 일당, 그래 초콜릿이 맛있는가

아즈텍 사원 위에 저들의 신을 모신 인간,
검은 목숨을 쪽쪽 빨아먹고 잘만 사는 약탈자의 후예,
제 조상을 노예로 팔아먹던 인간의 신을 받들던
아프리카 대통령, 혼자만의 공정으로
새까만 한숨을 헐값에 훌치는 초콜릿 회사처럼
아프리카의 육즙을 먹고 싶은가
초콜릿을 먹고 싶은가
당신은

항변

가풀막이 바랭이를 잡고 있다

빗물에 쓸려갈까 바람에 날려갈까
바랭이 발목을 꽉 잡고 있다

깜냥대로 흙 잡아주는 바랭이가
낮빛 퍼렇게 나를 쏘아본다

이래도 내가 잡초냐

섬

1

야간항해 마치고
모항으로 돌아와 아내랑 얘길 나누다
아내의 아이 걱정, 살림 걱정에
가슴 막힐 때 나는 섬이 된다

한밤중에 혈혈 섬 되어
누진 기분 여기저기 타전해도
불쑥, 사고처럼 튀어나올 사람 없어
콩쥐가 물 긷듯 가슴 가득 술 붓는다

찰랑찰랑 술잔 타고 휘둘러보면
나는 사람 사이를 흐르고
사람들은 물결 따라 세상을 떠다니고
출렁출렁 바다는 지구를 겉돌고
맴맴 지구는 천공을 표류하고 있다
모든 게 섬이다 둥둥 섬이다

그러니 등대지기여
후줄근한 내 모습 보더라도 안쓰럽게 여기지 않기를

심연 깊이 속내 감추고
도시를 지키는 데면데면 얼굴처럼
당신도 아무렇지 않기를

2

이제껏 만난 섬이 얼마일까
물길 모르는 섬은 또 얼마일까
그럼에도 나는 또 다른 섬에 가려
이 밤에 가슴패기 한 점 떼어
섬 사이 메운다
당신처럼

망초

참
막막했을 겁니다 당신이
망한 조선 땅을 서둘러 메워주지 않았다면

은둔의 왕국을 보고 싶어 밀입국한 당신,
망국 지켜봤던 당신을 사람들은 망초(亡草)라 했는데

촛불 하나씩 들고 너나없이 모여들어 마침내
강줄기 밝히는 사람들처럼 빈자리 메우는 당신,

당신이 없었다면 만주로 야반도주한 순이네 마당이며
잘살아보자, 서울로 떠난 영희네 뒤란은 더욱 휑했을 겁니다

이즈음 수시로 만나는 당신,
당신이 없었다면 내 사는 것은 벌써 가을일 겁니다
하여 당신 이름을 다시 명명합니다

망초(望草)!

죽비

맴 맴 맴

새벽녘 잠 덜 깬 귀청 후려치는
저 득음의 난장

늘 그날이 그날이면서도
새벽이면 불끈불끈 일어서는 아랫도리,

그놈만큼 살아봐라 맴 맴 맴

그놈만큼 살아
나 같은 소리 낳아라
맴 맴 맴

목청껏
맴
맴
맴

가로수

해마다 목 잘라 봐라
팔이란 팔 다 잘라 봐라

오금에라도 싹 틔울 테니
발가락으로라도 잎 쳐들 테니

골백번 목 잘라 봐라
손가락 다 잘라 봐라

팔레스타인 게릴라처럼
매헌(梅軒)의 폭탄처럼 기어이
기어이 잎 터뜨릴 테니

제2부 따따부따

이팝나무

아가야 어서 와 밥 먹어야지
소풍 가서 오지 않는 아가야
때맞춰 밥 차려놓고 널 기다리는데
끝내 눈물로 돌아온 아가야
엄마 울음 아빠 슬픔으로 배를 띄워
영영 떠날 아가야 먼 길 가려면
이 고봉밥 다 먹고 가야지
가문 땅이 물 들이켜듯
엄마 밥 든든하게 먹고
엄마 눈물 아빠 한숨 챙겨 가야지
아가야 가긴 가더라도
해마다 이맘때쯤 엄마 밥 먹으러 와야지
아가야 끝내 눈물로 온 아가야
엄마 울음 건너려면
아빠 슬픔 넘으려면
밥그릇 싹싹 비우고 가야지
아가야 영영 가는 아가야

나라, 때로는

나라는 무슨 색일까
때로는 빨강이다 이 땅의 사람이
이 땅에 살려고 뿌린 선홍색 목숨 빛이다
종묘 숲 저 빨강의 보색 나무가 이 땅의
목숨 빛 거두어 저리도 헌칠한 것이다

나라는 무슨 소리일까
때로는 계면조 선율이다 오랑캐 언월도나
애먼 난장을 맞던 사람의 비명이다
오지랖 널따란 저 나무가 이 땅의
울음 거두느라 잎 그물 빽빽한 것이다

나라는 무슨 냄새일까
때로는 비린내다 이 땅의 사람이
이 땅에 바친 땀내다 피비린내다 그걸
씻어내는 눈물내다 소나기 물비린내다
저 나무가 이 땅의 모든 냄새 거르느라
잔뿌리 촘촘한 것이다

나라는 무슨 맛일까
때로는 소태맛이다 이 땅의 사람이
진땀으로 키우는 떫고도 신 돌배 맛이다
내가 그 맛을 모르는 것은
품 깊은 저 나무가 이 땅의 오미를
제 몸내로 덮었기 때문이다

나라는 무슨 느낌일까
때로는 자릿자릿 촉감이다 이 땅에 살아
이 땅의 흙이 된 사람으로 이 땅의
나무가 자란다는 것을 알 때부터 머리털 곤두서는
더듬이다 생쥐나 여우 보기 싫다고
도려낼 수 없는 성감대다

낫달

스스로 돛대 꺾은
네 넋의 하얀 쪽배

너울너울
하늘 바다 헤엄쳐

엎지 못한 머리처럼
우거진 망각 돌아보고

파랗게
앙 깨문 입술

너
너
그렇게 왔구나

묘비

바람에 닳고
빗물에 씻겨 즈믄 해
벼락 들고 연륜에 깎였어도
마음은 하나

모진 시절 눈비 맞아
무어라 했던지 아스라해도
남은 건 그대로의 그 모습

버름한 흉터로 빛살 들고
귀뚜리 합환곡에 잇빛 배어도
삿된 마음 없어

해 지면 그러려니
달 뜨면 또 그러려니
참고 또 참아 그렇게
한뉘인 것을

저수지를 보면

"모녀 4명 실종 5년 만에 저수지서 발견……"
그날 나는 물속의 종소리 들었다

그녀가 어린것들 차에 싣고
우울 벼랑에서 질끈, 저수지로 입원했다
침묵 병원은 모든 소리 막았다 엄마는
모든 걸 물길에 맡겼다 아이들은
그대로 따라했다

풍덩 소리 좇아 뭇 목숨 갈마들었다
지상에서 깔깔 웃음 듣고 온 바람이 속살거릴 때면
모녀 머릿결이 잠시 흔들렸다 그뿐이었다
수궁 이야기는 바람 탄 연기였다

병실 붙박이창으로 구름 내려와
물속의 붕어랑 숨바꼭질했다 술래가 친구 찾다
휑한 모녀 봤을 때 반짝, 햇살이 소스라치기도 했지만
철새는 바로 물결 일궜다 동글동글 무늬마다

산사의 독경 소리 겉돌았다 호반 식당의
짜한 매운탕은 더욱 칼칼했다

지상의 몇몇 기다림이 졸아붙어서야
더는 못 버틴 가뭄이 병원 문 열었다 퇴원하는
그녀 맞는 사람들은 그날 밤처럼 잠잠했다
물속에서 에밀레종 혼자 숙제처럼 울었다

잔잔한 저수지의 거울 보면
나는 가끔씩, 잠시 서느렇다 아직도
잊히지 않은 그 일 때문에

울음꾼

물에는 소리가 없다 저
폭포에서 나오는 소리의 출처는 물이 아니다

물은 낮은 곳 찾아 흐르며
자리 낮은 것의 아픔을 동냥한다
키 작은 것의 바람을 탁발한다 벼랑 만나면
바랑을 비운다

바랑 나온 아픔은 온몸으로 바닥 두드린다
소리 일군다 벼랑 높을수록 소리 또한 크지만
폭포에서 비롯된 소리는 물의 것이 아니다
물이 거두었던 자리 낮은 것의 바람이다

물에는 소리가 없다 물이
벼랑에서 떨어질 때 나는 소리는 넘어야 할 것의
높이다 소리 큰 만큼 넘어야 할 것도 높다 그 때문에
나오는 키 작은 것의 아득함이다 아둥바둥
슬픔이다 주룩주룩 눈물이다

물에는 소리가 없다 벼랑에서
물이 방생하는 소리는 물의 것이 아니다
낮은 자리 지키는 키 작은 것의 울음이다 이를
대신하는 울음꾼의 진성 통곡이다 예전 시인처럼
살아 우는, 울어야 사는

요즘 뉴스

막차가 시내로 떠났다
누가 밤을 빌려 시골을 찾는지
고막 너른 똥개가 짖어댄다 딴엔
시골 적막 흔드는 기척을 그 쥔한테 알리려는 것인데

컹컹 얘기 들은 동네 모든 개가
밥값은 해야 한다 늦게라도 짖어야 한다
새끼도 별수 없다 줄줄이 짖어대는 통에
궁둥이 육중한 욕쟁이까지 일어난 것인데

하
　아
　　아
　　　아
　　아
　아
아
입이 뒤집어지도록 하품한 그녀가

어둠 가득 널브러진 제 집 암캐 목청에
철
철
철
철
오줌을 내갈기며 씨불거렸다

아따, 저 육시랄 년의 개
엊그제 도둑 들 땐 짖도 않더니
아가리 뒀다 씹 만들라 그랬는지
아예 짖도 않더니 오늘은 웬 지랄이여
지랄은

낙화

가만있으라
가만있으라 어른들 말씀 안 듣고
강아지가 어미 젖꼭지 파고들듯
그 먼 길 꽃으로 달려온 너
가만있으라 가만있으라, 엄마 말도 안 듣고
훌훌 가는구나 친구랑 어깨 겯고 가는구나

가만있으라
가만있으라 어른들 말씀 안 듣고
도란도란 조팝나무 꽃으로
깔깔 벚꽃으로 왔다 후딱 가는구나
밤을 틈타 식구들 보고 가는 파르티잔처럼
너 그렇게 가는구나 영영 가는구나

가만있으라
가만있으라, 엄마 말도 안 듣고
도리도리 가는구나 꽃 진 자리에
바람 같은 바람만 남겨놓고

가만있으라 가만있으라, 엄마 말도 안 듣고
훌쩍 가는구나 앵돌아져 가는구나

달은 세상의 거울
—변주 월인천강지곡

1

낚시다
초승달은 낚시다
잘살아보자 엉너리 맞춰
도다리 눈깔로 손뼉 몰아준 사람들
새색시 칼질 맞춰 가슴 동했지만
젓가락 갈 데 없는 밥상엔
삼층밥 탄내만 꼼지락거린다
엄벙덤벙 이웃이 될성부른 늧이라던
새댁의 눈썰미…… 똑,
미늘 투명한 낚시다 딱,
청맹 낚은 낚시다 그게
초승달이다

2

구멍이다
보름달은 구멍이다
뻥뻥 뚫린 가슴이다 귀청이

빙어의 몸통 닮은 사람들
며느리 손에서 이는 부메랑 보면
더펄더펄 손떠퀴 감출 수 없어
서푼 쓸개, 서푼 눈에 술 끼얹고
휘 휘 한숨 하늘 강에 풀어놓을 때
휘영청 보름달은 자리 낮은
사람의 가슴이다 바람[願] 빠진
자리다 낚싯바늘 빼낸
흉터다

3

꽝꽝 겨울이다
콩케팥케 강물이 줄어든다
비슬비슬 가슴 얼어붙는다
자벌레 입김마다 성에꽃 핀다
술렁술렁 입술마다 갑골문 빼글댄다
그럼에도 애벌레는 고치 뚫는다
어른들 화병 아랑곳 않고

달 삼킨 지구처럼 집 밖 내다본다
서릿발 수런대는 땅에서 칼바람 맞으며
흘레붙는 똥개라도 봤을까
깔 깔 깔…… 굴렁쇠 웃음 굴린다

4

산득산득 섣달 밤에도
꽃잠 챙긴 아이, 녀석 눈썹이
초승달이다 이윽히 아이 굽어보던
에미…… 초승달은 칼이지 싫어
미망 미명 토막 낸다 똑똑 칼질 소리에
잠에서 깬 애비, 눈밭의 봄동 같은
아내를 본다 구름 꿈에서 내려온다 그믐달
휘어잡는다 시위 없는다 살 매긴다
달 겨눈다 보면 볼수록…… 달은
무기다 청동의 하늘 때부터 낮은 자리 지키는
사람의 무기다 거울이다 허튼 맘
도스르는 거울이다

엘레지 희망

꽃을 산다
어둑어둑 노점에서 당신 얼굴에 어울릴
빛깔 고른다 당신 몸에 맞을
향을 고른다 표정 고른다

가만 보니 꽃은 바람이다 성기다
꽃, 바람, 그리고 성기…… 내 바람은 얼음장에 음각된
암캐의 거시기다 늦겨울 개울에서 절명한
그녀의 모락모락 간으로 소주 한 잔 걸친 아저씨가
이걸 갖고 다니면 공부 잘한다고 흔들던, 차마
이거라고 하던, 그녀의 꽃이다
덜 뚫린 단추 구멍처럼 답답한……

미안하다 아내여
오늘도 꽃을 꽃으로 건네서
앉으면 훌러덩 솟구치는 엘레지처럼
희망을 내밀 수 없어

아닌 봄

화냥년이다
봄은 화냥년이다
올봄은 미쳐도 제대로 미친 화냥년인데

화냥년이 아무 때고 암내 풀어도
화냥년 따라 온갖 꽃이 몸 열어도
그녀 떠난 뒤로는

화냥년이 우럭우럭 꼬드겨도
미친 화냥년이 꽃잎 위에 나자빠져도
그녀 떠난 겨울부터는

영
발기부전

함박눈

저 하늘 거위들 아프겠다
뭉텅뭉텅 뽑힌 제 가슴 털로
이 땅의 겨울 덮느라 참 아프겠다
지상에서처럼 또 아프겠다

침묵

달을 가리키던 손가락 자른다
손가락 없어도 달 볼 수 있으니

멀쩡한 손가락 탓하던 입을 봉한다
말 보태지 않아도 이미 달 밝으니

유산

범은 죽어서 가죽을 남긴다, 했다
그러나 나는 살아 자식을 남긴다

사람은 죽어서 이름을 남긴다, 했다
그러나 나는 죽어 쓰레기를 남긴다

딱따구리

내가 글을 쓴다면 딱, 이렇게 쓰겠네

톱, 줄, 끌, 숫돌[切磋琢磨] 중에
내게 맞는 끌 하나로 글을 쓰겠네

휘휘 숲을 둘러보고
먹이가 있을 법한 나무한테 날아가

똑똑 기척 여쭙고
딱 딱 또르르
딱 맞춤한 구멍을 만들고 먹이 끄집어내듯

딱 그만큼의 구멍,
그만큼의 말씀만으로 소리를 만들겠네

똑 똑 말씀 다듬어
온몸으로 또르르 똑 똑 다듬어

제3부 아옹다옹

별시(別時)

몇 시나 되었을까, 스마트폰을 보는데
홀연 액정화면에 앉는 꽃잎이 말씀하신다

지금은 별시(別時),
버릴 것은 서슴없이 버릴 때

발성법

똑 똑 또르르
딱따구리가 굴참나무 가슴에서 탁발하고 있다

똑 똑 귀를 두드려 눈길 열어주는 소리 들으며
무량수전 섬돌에 발 얹는데 공사 중입니다
들어가면 안 돼요 죽비 목소리가 발등 때리신다

섬돌에서 발 물리며 생각한다
소리를 듣는 건 살아있다는 것, 산다는 건
소리를 만드는 것…… 울음 더불어 세상에 오고
온갖 소리 속에서 소리 사슬로 얽혀 소리 만들고
뚝 끊겨서도 몇 가닥 울음으로 남는 것……

사람들, 저마다 얼굴도 다르고
목소리 또한 같지 않아 서로 다른 소리 일구지만
이 땅에 소리를 보태는 것도 다 빚이다
길섶에서 바람 거두는 돌탑이 숱한 사람의
서로 다른 기원으로 키가 자라듯

사람들
타법과 주법은 서로 다르지만
그때그때 때 맞는 소리 일궈 맥놀이 기다란
화음 탑 쌓아야 한다, 소리의 가르침 받잡고 돌아서는 길

딱따구리 말씀이 귓속의 달팽이 타고
팔다리로 파발 떠나신다
똑 똑 또르르……

세밑

텅텅 빈손으로 맞는
겨울 가득 눈 내린다

하늘하늘 돌아와
엄마의 풀 먹인 홑청처럼 눕는 파지,
거저 받은 한지 위에

나는 어금니 악물며
올해 또다시 쓴다

음주주의
과음주의

이미 시작된 미래
—「세한도」에서 찾은 자화상

찾아갈 사람 없이

매
난
국
죽
찬찬 치며

몹쓸 바람마저 다 쳐낸 날
함박눈 찾아와

그 사람 놀듯 길 덮어
모든 길 다 덮어

더는 찾아올 사람도 없어

방 안의 숲

내가 사는 원룸에는
많은 나무가 있다 몇 그루인지 모르지만
사람의 생각을 담은 후궁이 되어 지렁이나
토끼가 끄는 수레를 기다리고 있다

암군이 탄 수레가
어느 방문 앞에 서든 후궁은 기다림 벗고
몸을 열어 숲의 입김 내어 주리라
둥글둥글 나이테 두른 눈짓과
잎잎이 열린 웃음 보여주리라

그러나 나는 후궁의 처소로
수레를 몰지 않는다 후궁이 속속곳까지 풀어
좁은 방 가득 가문비 향 퍼지고 나무뿌리 굽이쳐
누울 곳 없어서가 아니다 후궁을 감당 못해서도 아니다

굳이 후궁들 들여다보지 않는 건 외롭지 않기 때문이다
홀로 있으나 아무것도 그립지 않기 때문이다

후궁의 몸내 없어도 잘만 살기 때문이다

내가 사는 궁에는 숲이 있다
주인의 게으름을 그대로 복사하는 나무들 있다
온전한 불쏘시개도 밑씻개도 되지 못한 채
순장 맞을 후궁들 즐비하다

환생을 보다

미어 캣들이 포로처럼 죽 늘어서서
전철을 기다린다 구르는 동물원 문이 열리자
우르르 들어가 뒤죽박죽 순대가 된다
반짝반짝 안경원숭이는 스마트폰 세상을
표류 중이다 임팔라는 손바닥 드라마에 콕 박혔다
입술 빨간 토끼는 공이질 바쁘다 빻아도
빻아도 다 빻지 못할 허공을 메트로놈처럼 끄떡끄떡
어쩜 바람난 마누라 바라지 바쁜 기러기는
토막잠 챙긴다 일벌은 그대로 숨 멈추면
파리가 알 낳기 좋도록 입 벌리고 앉아 질질
피곤을 흘린다 손가락 교신 바쁜 가젤이
함박꽃처럼 웃는다 하얀 이빨 속에서 반짝, 빛나는
그녀의 육탈한 미래를 보고 복작복작 순대에서 나와
앞으로만 가는 누 떼를 따라 저승으로 한 발 더
내려가는 신길역 에스컬레이터에서 나를 봤다
환승하러 꿈틀대는 짐승들 머리에서 환생하는
시골 뒷간의 구더기를 부처님이 보셨을
내 서러움을

하루살이

도사님
하루를, 단 하루를
인간의 한평생처럼 살아내신
도사님

반인반목 그녀

1

한 잔 드세요 그녀가 차를 낸다
죽로차쯤 될까, 찻잔엔 노르스름 향 음전하다
그녀 손금 베꼈나, 다관은 균열 촘촘한 몸으로
찻잎 촉고 펼친다 사람 그리운 사람 거둘

2

덜컥, 등뼈 무너졌어요 백제 망국처럼 갑자기 말예요 다불탄 절의 석불로 누울밖에요 대밭에 화병 묻었던 복두장이 따라했어요 깜깜 바닥에 등뼈 묻은 거예요 하늘 무너지는 울음도 함께 말예요 모든 목숨이 바다부터 엄마까지 배우듯 식물 배울밖에요 땅을 읽었어요 흙탕물 외웠어요 언제 달빛 도둑 들었나 등뼈 어딘가 있던 종자은행 열렸는지 역모처럼 새삼 싹 틔웠어요 그 후각 빌려 담쟁이 몸내 쪽으로 팔 뻗었어요 그가 다리 내줬어요 세상에나 내 몸이 식물에 접붙다니요 놀라움은 허리 아래 들앉았어요 좌불처럼 말예요 만행 다녀오는 물이 하늘 별빛이며 땅속의 물소리 탁발해 왔어요 나붓나붓 손으로 빛살 골랐어요 소릿결 다듬었어요 그렇게 두어

번 물길 뒤척이는 사이 동충하초 터득했어요 자분자분 손끝에 이슬 열렸어요 이슬마다 구름 고인 적 있어요 눈썹에 초승달 내린 적도 있어요 그무늬 베꼈어요 솰솰 냇물에 보냈어요…… 마실 다녀간 바람은 입 가벼웠어요

띄엄띄엄 사람들 찾아왔어요
청정 한 잔 더불어 서늘 웃음 드릴밖에요

3

한 잔 더 드세요 그녀가 찻잎 그물
다시 펼친다 나는 찻잔 속 배릿한 햇살에 잠긴다
다관은 멍 푸른 숨결 끌어안는다 그녀가
태양선 굵은 손금으로 이야기 벼리 당긴다
광합성에 홀린 나는 그물 피하지 않는다
반인반목(半人半木) 그녀 뿌리에 접붙는다
내 손의 안달 하나 방귀처럼 잦아든다

홀로코스트 한입 아

지금은 홀로코스트 방송 중
스리랑카에서 왔다는 선원이 소라껍질 속 주꾸미를
갈퀴로 끌어낸다 그녀는 분만 준비 중이었다
머리가 훤히 보이지, 알을 배서 그런 거야, 이빨 허연
선장이 임산부를 바닷물로 좍 좍 훑어선
리포터 입으로 들이민다
아

이어지는 홀로코스트 중계
주꾸미는 피로 회복에 그만이지요
도다리는 고단백 웰빙 음식이에요
실치는 관절에 좋아……
사람들 바글대는 아우슈비츠 주인이
홀로코스트 애무 법과 냠냠 체위 전수한다
꿈틀꿈틀 주꾸미 펄펄 물에 데친다 숭덩숭덩 도다리
냄비에 끓인다 실치 주검으로 킬링필드 재현한다
리포터가 홀로코스트 한 점 집어 든다
푸드 포르노* 실습한다

아

침샘의 기억을 사고파는 사람한텐
철마다 별미의 계절이지만
사람 아닌 목숨한텐 날마다 홀로코스트,
당신도 누리고 싶지 순정 주검, 톡톡 양념으로
홀로코스트 한입 아
찍고도 싶겠지, 푸드 포르노
홀로코스트 한 젓갈 들고 붉은 입술
검은 구강으로
아

---

*음식이나 음식 먹는 모습을 노골적으로 담은 사진이나 영상. 1984년 로잘린 카워드가 처음으로 사용.

자장면, 뉴스, 효과

배달 늦는 짜장면을 기다리며 TV를 보는데
아나운서가 경제규제완화 효과라 한다 효 과를
효꽈로 발음할 근거가 없다며 효 과 라고 하는
아나운서의 효과 뉴스를 볼 때면 귀가 밍밍하다
아무리 효과 있는 대책이라 해도 눈 싱겁다 효 과,
효꽈 따질 것 없이 많은 사람이 궁금해 하는 것만
작살로 물고기 찍듯 콕 콕 찍어 날로 들려준다면
펄떡펄떡 뉴스를 들려준다면 입 편한 대로 효꽈라 해도
그 뉴스는 쫄깃쫄깃 씹을 만할 텐데 말이다 자장, 하면
심심하던 미뢰가 짜장 소리엔 침샘 더불어 준동하듯
효과를 효꽈라고 하면 뉴스 맛이 확 당길 텐데 말이다
침 질질 흘리면서라도 볼 텐데 말이다 차린 건 많지만
손 갈 데 없는 뷔페 같은 뉴스를 전하느라 시청자가
성인병에 걸릴까 무염(無鹽) 무미 뉴스를 전하느라
탱탱 얼굴 근육을 조심스레 모았다 뽀뽀라도 해줄 것처럼
닭똥집 입술을 주 우 우 욱 내밀며 효 오 오 과 해도
얼굴 표정만 짠한 효과, 수타 명인이 뽑은 면이라 해도
배달 늦은 짜장면 같은 뉴스, 이미 떠났다고 했어도

아직 조리를 시작조차 안 했을 것만 같은, 그 말을
그대로 믿어야 할까 싶은 효과, 짜장 짜증나는
자장면 같은 효 과, 효 오 오 과 뉴스

멸문

석둑,
칼 갈아 거시기 자르듯 다짐한다 더는
잡초 노릇 안 하리라 담쟁이를 나무로 키우려다
등골 다 빠진 적송처럼 살진 않겠다 나무 되지 못할
담쟁이 낳지 않겠다 대를 이어 땅을 품고 살면서
심장 가득 갑골문 발광해도 아무 소리 않았지만 이제
다짐한다 더는 땅과 연애 않겠다 나무 같은 거
꿈도 꾸지 않겠다 칼 갈아 거시기 자르듯 다짐한다
아름드리나무가 빛 다 차지하는 숲에서 땅은
울퉁불퉁 햇빛을 평미리쳐야 함에도 사랑하라, 다만
사랑하라고만 하는 때 나무가 활개 줄이고 바람이
그늘 덜어내면 그만큼 숲이 공화(共和)스러울 텐데
방자한 나무들 꿈쩍 않고 바람은 눈짓조차 없어
사랑을 포기한다 때 되면 바람에 몸내 보내고
바람 맞아야 하지만 석둑, 칼 갈아 거시기 자르듯
다짐한다 딱 한 입 먹고살 벌이, 그에 맞게 사랑 않으리라
이것이 끝내 나무가 될 수 없는 내가 할 수 있는
유일한 일이니 이제 잡초의 일은 나무가 해야 하리라

잡초 걱정하는 땅이 해야 하리라 베수비오 화산처럼
연애를 하긴 하더라도 나무로 자라지 못할 담쟁이는
낳지 않겠다 수형 같은 독거로 연명할지라도 그 곁에
벌레가 내 육즙 염할지라도 사랑 않겠다 칼 갈아
거시기를 석둑, 자르듯 잡초 가문 닫는다
대못 박는다 쾅 쾅

경찰백서를 보며

2004년 그해에는
2분마다 한 명꼴로 두들겨 맞았다
3분마다 한 명꼴로 뭔가를 도둑맞았다
80분마다 한 명꼴로 뭔가를 빼앗겼다 그 시간마다
운수 사나운 여자는 아랫도리 털렸다
9시간마다 한 사람은 횡사했다

그해에는 얻어맞을 근심 피해 살았다 뭔가를
잃어버린 안타까움도 없었다 돈지갑도
빼앗기지 않았다 어이딸 하초에서 비롯된
몸서리도 없었다 끔찍한 죽음도 모르고 살았다
당연히 자랑할 만한 웃음도, 땅에 묻을 울음도 없었다
그저 운 좋은 한 해였다

그해엔 2분마다 한 명씩 땅보탬했다
50분마다 한 명씩은 스스로 세상을 팽개쳤다
75분마다 한 명씩은 교통사고로 떠났다 그해에
부음 몇 통 받긴 했지만 생으로 소주 마실 일 없었다

무딘 가슴을 술로 씻어낸 날만 즐비했다
그래도 운 좋은 한 해였다

올해도 그해처럼 운 좋은 한 해다
설렁설렁 열두 달 까먹고도 아무렇지 않다
제대로 털린 것 없어 가슴 덤덤하다 뉘우칠 일이
모르는 풀이름처럼 많지만 망년 폭탄주로 잊으면 된다
아직도 저지를 죄가 넘치지만 올해도
운 좋은 한 해다 분명 그해처럼
운 좋은 한 해다

난을 보내는 뜻
—「난십이익(蘭十二翼)」의 해석

나는요
야들야들 햇살이 좋아요
살랑살랑 실바람과 사풋사풋 이슬비가 좋아요
뜻 높은 선비는 이런 날 기르면서
중용을 배웠다, 하지요

나는요
질척질척 잠자린 싫어요
투덕투덕 솜이불과 까슬까슬 속속곳도 싫어요
난전의 야바위꾼도 이런 날 곁에 두고
선비 흉내 냈다, 하지요

누군가
당신한테 나를 보내는 뜻은
설렁설렁 그늘에서 살라는 얘기지요
가닐가닐 벌레는 마다하라는 말씀이지요
끼리끼리 부대끼라는 뜻이지요

어느 하나라도 당신 뜻과 같지 않을 땐
나처럼 콱 자진하든가 훌훌 물러나서
혼자만 깨끗이 살라는 뜻이지요

그렇죠?

안부

종생토록 나무하던 시인*

이 겨울에
남이 불 넣어주는
뜨끈뜨끈 아랫목 책상에서
못다 쓴 낙엽 시 다듬는가

아니면
그때 당신 같은 사람 위해
낙엽 시 불쏘시개 삼는가

---

* 鄭樵夫(1714~1789): 노비이자 나무꾼이며 시인으로 초부유고에 90여 편의 시가 전한다.

제4부 괴발개발

𡜋, 즐거운 상상

그 옛날 다들 농사일 바쁜 봄날에
새댁이 아침밥 먹고 깜빡, 잠들었겠지 딴엔
펄펄 신랑이 축낸 잠을 한 치라도 기우려는 것인데
시아버지 보기엔 새아가 철퍼덕 잠자는 모습이
'봄날 사람에게 아무 생각이 없는 것' 같아
철퍼덕, 새아가[女] 잠자는[宿] 모습 그대로
글자[𡜋]를 만들어선 새아가 이름[淑]과 같은
숙이라 부르면서 껄 껄 껄 웃었겠지 흐 흐 흐

평등

선생님
평등, 평등 하시는데 그게 가당키나 한지요?

사람끼리 서로 기댄 모양이 人 자라 합디다만
살아온 미립으로 人 자를 들여다보면 더 가진 사람 丿이
덜 가진 사람 乀을 무너지지 않을 만큼의 무게로 누르고 丿
더 가진 사람 때문에 사는 사람은 그 값으로 바득바득
세상을 떠받치는 乀 형상입니다

청동의 달 뜰 때부터 사람들 가진 것 고르지 않아
눈 밝고 귀 너른 사람은 더 많이 가진 사람 걸 덜어
그걸 덜 가진 사람한테 얹어 모든 사람이 그럭저럭
살게 하려 했지만 뜻 같지 않았습니다 더 가진 사람은
이리 말했답디다 더 가졌으면 더 가진 대로 살게
가만둬라 애초부터 사람은 평등하지 않다
人 자를 만든 때부터 그랬다

그럼에도 가진 건 작으나 순하게 사는 사람들

모자라면 모자란 대로 서로 어울려 살아야
사람이라는 믿음으로 서로 도우면서 살았습니다 지금도
그 믿음으로 살고 있습니다 평등 따위 믿도 않습니다
바라지도 않습니다 등짐 가볍기만 바랄 뿐입니다
하늘에서 내리는 비도 온 땅을 고르게 적시지 않는다는 걸
벌써부터 알기 때문입니다

선생님 이런데도 평등, 평등 할 수 있는지요?

법

내[灋] 본분은 물과 같이 공평하게 옳고 그름을 가려[廌]
옳지 못한 것을 없애는[去] 것 그럼에도 사람들이
나를 제대로 쓰지 않아 입 뾰족한 당신께 한 말씀하겠네
요즘 내 모습[法]을 보면 물 모양[水]엔 칸막이가 있는데
이는 어떤 다툼이 있을 때 이 칸을 경계로 좌우상하,
칸칸마다, 층층마다 달리 다룰 수 있음을 예상한 걸세
당신 같은 사람이 수평 세상 찾아, 칸막이 넘어, 벽을 넘어
이제 정의로운 곳에 왔거니 싶어 고개 들어보면
손오공 앞의 부처님 손처럼 갈 去 자가 버티고 있을 것인데
이는 당신이 믿는 정의란 게 가고 없는 현실을 예비한 걸세
우리나라 정의의 여신이 칼을 내던지고 앉아
법전과 저울을 견줘보는 모습이 이미 있었단 걸세
사람들이 공평하다 믿는 물도 있는 곳에 따라
맛이 다르다네 그런 물 받아들이는 바닷물의 염도 또한
고르지 않다네 나 또한 물과 같다네 그러니
한 이랑 파도만도 못한 당신, 물결 뒤엎지 못할 거면
미안하네만…… 물결 따라 사시게
아, 참, 그리고 물 가운데 칸막이엔 어떻게든

그걸 지키면서 그 칸에 맞춰 살라는 처세법도 있을 것인데
그걸 어길 땐 칸막이를 지키려는 모든 사람들이
법전 속 모든 칼을 뽑아들 걸세 그에겐 그게
가장 엄중한 일이니 말일세…… 정말 미안하네
원하는 말을 못해줘 이게 내 본디 모습일세

정치

넙치와 도다리
얼핏 보면 고놈이 고놈이다
둘을 쉽게 알아보라고 좌광우도,
곧 내려다봤을 때 눈이 왼쪽으로 몰렸으면 넙치
그 반대면 도다리라 하는데

고놈들 회를 쳐서 한 접시에 담아놓으면
눈치 둔한 놈은 다시 헷갈린다 똑 알고 먹으면
모를까 맛 또한 고놈이 고놈이다 하물며
짜르르 쐬주가 혓바닥 휘갑치면 어느 게
어느 건지 통 모르겠다

혀 무던한 놈이야
넙치로 국을 끓이든 도다리로 회를 치든
배불리 먹으면 그만이다 맛나면 더욱 좋다
맛나고 배부르면 땡이다 잘 먹고 잘 삭여
미끈한 똥 쑤욱 싸면 장땡이다

그런데 칼 잡은 놈들은
후딱 고기 잡을 생각 않고
배고픈 사람들 밥그릇 놓고 좌 광 우 도
개 풀 뜯는 좌 광 우 도

출근 중독

절벽에 매달린 관(棺) 같은 아파트에 누워
밖을 본다 허공엔 안개 빽빽하다

누운 채로 술 덜 깬 속 어르다 보면
망각 바다 떠돌던 안개가 내가 숨은 깜깜 절벽까지 따라와
푹신 이불 펼쳐놓고 어서 와, 어서 와 세이렌처럼 날 부르고

일상 지겨운 내가 퍼뜩 날아가
미망 더불어 과녁으로 누우면
티베트 하늘에서 독수리 날개 타던 날도 화살로 돌아와
온전히 망각 깊숙이 박혔으면 싶기도 한 때

아니다, 아직은 아니다 흡연 같은 버릇에 이끌려
나는 또 지상으로 내려간다

무탈하다, 무탈하다
주상절리 처소에서 하나둘 올리는 봉화를 보며
전생 같은 안개 속으로 또다시 들어간다

촉나라로 쫓겨 갈 때
오금 흔들던 후들후들 잔도가
돌아오는 날의 길이었음을 애써 떠올리며
또다시 어제 같은 오늘로 걸어간다

거룩한 가계도

1

迎日鄭公尚源
孺人寧越辛氏
之墓

迎日鄭公雲華
孺人慶州孫氏
之墓

迎日鄭公原澤
孺人秋溪秋氏
之墓

아이야 네 조상이시다 여기 이분들 모두
바다였단다 농자천하지대본야 하늘처럼 믿고
오체투지로 들판 치댄 바다였단다
욜랑욜랑 미세기처럼 들판 가꾸면서
보릿고개 주린 배는 조팝나무 향으로 얼렀단다
모내느라 끊어질 것 같은 허린 이팝나무 꽃술로 달랬단다
자벌레 몸짓으로 제자리 가꿨단다 네가 이름 몰라도
때맞춰 몸 여는 여뀌, 고마리 더불어
한자리 지켰단다 네 눈물 없어도

알아서 떠나는 민들레, 씀바귀 따라
여기 이르렀단다 파도에 닳은 몸은
흙 속 깊이 눕혀놓고 물기 마른 넋은
말뚱가리처럼 봉긋 무덤 위에 앉아
이내 감도는 마을 굽어본단다

2

동해에 선다 동해는 아무 말 없다
함묵 동해에서 누구는 선비를 만난다는데
나는 뺏속 푸른 농사꾼 아버질 뵙는다
쉴 짬 없이 뒤척이는 동해 물결 뒤져보면
어린 나를 덮치던 당신의 울컥 너울이
내 마흔 굽이에서 솟구쳐 그때 나 같은 애들 휘덮고
뜻대로 살지 못한 부아를 순진한테 끼얹는 꼴이
집안 내림 같아 머리 쭈뼛한데
불콰한 목청으로 떡을할 세상, 육시랄 놈이라며
세상 꾸짖던 당신 얼굴이 요즘의 내 꼴 같아
그때 당신처럼 술잔에 빠져 당신 어스름에 취할 때

파도가 고막 다독인다 핏줄 앞에선
나이도 속절없지만 참아야 한다 그래도
할 만큼은 해야 한다
해야 한다……

3
해질녘 서해에서
물 썬 갯벌을 끌듯이 쓸듯이 뒤지는
울멍줄멍 엄마들 본다 한때 비옥했지만
지금은 숭숭 바람인 엄마를 생각한다
당신의 엄마가 그랬듯
핏줄 지겨운 지아비 성화 밀물로 덮어주며
주름 잦아지는 당신 바다에 젖는다
속 다 보이는 노을 살림에도 자식새끼 챙겨주며
날마다 까치 울음 덧칠하는 당신의 붓질 생각하면
세한도 여백 닮은 당신의 머리 아뜩한데
솨 솨 당신의 천식 기침 밀려와
잘살아라, 애 엄마한테 잘해라, 네가

가장 아껴줘야 할 사람이란다 가슴 비질하고
솨 솨 물러가며 원주 이씨처럼
서해처럼 사는 밀양 박씨 다독인다
네가 이해해야 한다 남자란
죽을 때까지 철들지 않는 애란다

4

나의 가계는 겸허하다
족보 들여다보면 대대로 키 낮은 파도였다
해일로 솟구친 망둥이 선조도 있었지만
거의 다 바람 타고 바다 다녀갔다
다녀가며 바다처럼 살라고
내 몸에 간간한 소금기 남겼는데
나는 한 방울 눈물조차 사람 틈에 풀어놓지 못하고
지느러미 없이 비늘 없이 이빨 없이 뭍 섬긴다
동해 얼도 없이 서해 아량도 없이
홋홋 섬으로 열도 같은 아이 기른다
오른쪽 쳐다보며 도다리처럼 눈알 돌아갈 때마다

세상 정의 곱씹는다 왼 것 바라보며
넙치로 진화할 때마다 인간 평등 곱새긴다
그 결에 다른 무늬 돋워주고
그만큼 짙은 그늘은 술로 풀친다 송충이는
솔잎만 먹으라는 세상의 법 지킨다

5
애면글면
하루치의 파도 헤치고 돌아온 밤
애비는 미안하다 고등어한테 쫓기는 멸치 떼처럼
안방으로 몰려와 얼기설기 꿈 엮는
너희 머리맡에서 애비는 어깨 줄어든다
똑 애비의 어릴 적 모습으로 명치 휘젓는 것들아
문어에미 날로 먹고 뚝지애비 통째 먹고
바다 되어라 하늘로 팔뚝질 않고
땅끝에 침 뱉지 않는 바다 되어라 이게
항렬만 높은 영일 정씨 지손 집안이
새로 세워야 할 가풍이란다 낮은 품계

작은 녹봉으로 육지 받드는 애비의 유산이란다 자식은
부모 그림자 안에서만 노는 시절에
애비가 물려줄 오직 하나의 가보란다
아이야

안부

—2013년 봉안리

요즘
절재(節齋) 무덤 가까운 곳에 살고 있습니다
독락정 주인처럼 홀로 놀지 못하고
백제 망국의 통음을 뒤늦게 하고 있습니다

절재는 야트막한 산에 다리 하나로 누워
금강으로 스며드는 개울을 물끄러미 바라보고 있습니다
그 내력을 아는지 왜가리 한 마리가
금강에서 다리를 오래오래 씻고 있습니다

고립을 즐기려 가져온 시집 삼백 권은
책장 속에서 사도세자처럼 질식할 것 같은데
길을 잃고 독방으로 들어온 금파리가
죄인의 태만을 깨웁니다

푸릇푸릇 비굴, 싹싹 빌어서라도
목숨을 부지하려는 걸 보자니
오늘은

소주 없이 잠자리에 들어야겠습니다

속 다 털어놓고 눕는 소주병 따라
아득히 절재 곁에 누우면
숲속의 몇몇 목숨은 배부르고
몇몇은 술도 배울 것 같은 밤에

당신
여전히 안녕하신지요?

몸살, 전생을 소환하다
—2013년 봉안리

두 두 두 말발굽 소리 더불어
남해 초가의 문틈으로 침노하던 바람이
오늘밤 늑골 끝에서 되살아난다

이불 둘둘 말고 애벌레처럼 뒤척대면
삼수갑산 너와집의 어긋난 지붕 뚫고 들어와
얼굴 난자하던 웃풍이 허파 저 밑에서 분수로 치솟는데
세상모르던 나한테 달려들던 혓바닥이던가, 목덜미로
받았던 임금의 쌈박 칼날이던가

위리안치 가거도의 밤
밤낮없이 가슴 쥐어뜯는 파도 소리 다독이며
혼자라도 지켜내야 할 그 무엇이 있어
온몸으로 고추바람 받아 눅이던 그날이
허파꽈리 꽈리마다 박음질로 내닫는다

그 어느 때 죽창 들고 나섰다가
압슬과 포락 끝에

네 마리 소한테 팔다리 다 내어주고
장대 끝에 걸린 목으로 바람의 위로받던 눈에
뒤늦게 눈물샘 뚫린다 왕소금 뒤집어쓰고 떠난
살점의 갈가리 노정으로 눈물 붇는다

그래도 어느 생애에서는
절도에서 돌아가 안길 퇴기 있어
해풍의 칼끝을 그럭저럭 견디던 날도 있었는데
찾아오는 사람 없이 뒤척대는 이 밤은 길어
용소 깊이를 재던 실타래처럼 길어……

그럼에도 아무도 그리워 않으리 가슴 에운
조각자(皂角刺)는 스스로 세상 가두려는 것이니
뼈마디 마디마다 살바람이 민란처럼 일어나도
두 두 두 말발굽 소리 머릿속 짓밟아도
아무도 그리워 않으리 정말로 정말로

덕담

그분이 납시었다
조각조각 방어선사(魴魚禪師)께옵서
접시 타고 납시었다 식탁 가운데 좌정하신다
쌈박쌈박 몸통 아랑곳 않고 설법하신다

아주 오래전에
내가 당신을 점점이 저몄네 내가
당신 살점을 여자 속옷같이 투명하게 저며 낼 때
빙 둘러서서 당신을 지켜보던 뭇사람처럼
빼끔빼끔 나의 몰골을 망막 가득 담았으면
쪼르르 잔을 채우게 톡 털어 넣게 살아 싱싱한
내 젓값을 초장에 찍어 잘근잘근 다스리게 소송처럼
느긋하게 다스리게 툭툭 옆 사람에게 인정을 권하게
꼬들꼬들 아부 한 점 없어도 괜찮네 나름대로
"구구(九九) 팔팔 복상사" 같은 건배사 곁들여 나와 공범인
낙지, 전복, 멍게, 해삼의 쫄깃쫄깃 죄도 다스리게
시룽새롱 농담이며 속살속살 뒷얘기는 덤일세
할딱할딱 당신의 염통 지켜보던 말똥말똥 눈처럼

나의 임종을 꼬박 지켜보게 내 주검의
얼큰한 육수도 음미하게 화장터 불길이
당신을 이글이글 자시도록 당신을 탐하는
뭇 목숨의 이빨 뿌듯하도록
아귀아귀 몸뚱이 늘리게 사는 게 잔칫날인
당신께 드리는 덕담일세

방어선사의 알몸 보시로 야단법석인 회식 자리
나는 속으로 합장한다
극락왕생……

야사

가대기꾼 볼 때 눈알 쑤신다 관군의 바늘에
한쪽 눈 앗긴 나는 만리장성 쌓다 돌에 깔렸다
두고 온 고향의 논처럼 쩍쩍 갈라진 등뼈와 함께
불꽃 퍼런 눈알을 성벽 속에 맡겼다 지금도
서북풍이 뒷등의 채찍 자국 소환하면
눈부터 욱신거린다 등짐 겨운 사람 보는 날엔
이미 흙이 된 망막에 눈물 고인다

시위대 함성 듣는 날엔 귓속의 달팽이 발작한다
학정을 견디다 못한 백성들이 차라리 죽여 달라 할 때
나는 펄펄 분노 이끌고 관아로 달려갔다 왕과 그 신하는
나한테 역모의 칼 씌웠다 으스러진 무릎을
저잣거리 가운데 꿇렸다 내 귀에 화살 꿰었다 우 우
시위 소리 들을 때마다 장대 끝에 걸렸던 환청이
겨울밤 문풍지로 운다 우 우……

훨훨 불길로 목욕하는 고깃덩이에 후춧가루 뿌릴 때
나는 코 가렵다 왜구한테 코를 내어 주고라도

연명했던 나는 말라카 섬에서 채찍 맞으며
몽둥이 맞으며 후추 거뒀다 이즈음
아프리카 아이의 흑요석 눈물로 만든 커피 향에
젖다 보면 사레들 때도 있어 코뚜레에 꿰여
굴비처럼 엮여 대서양 건너던 때의 콧구멍이
푹 삭은 홍어처럼 아리다

내 간악한 혓바닥이 포해(脯醢) 달고 살던 때 있었다
나는 도적의 수괴로 만삭의 양을 산 채로 삶아
태 속의 보들보들 살점 곁들여 배갈 즐겼다 처녀를
겁탈하고 그 상육(想肉)의 질감을 곱씹던 날이
내 미각의 화룡점정 시대였다 지금도 탱글탱글
수육을 만나거나 쫀득쫀득 회를 맞는 날엔 가끔씩
백성 아니었던 시절 도척의 날이 그립다

지문이 닳는다 파충류를 배워
온몸으로 시장 골목을 쓸며
뭇사람 눈길로 생을 깁는 사람 볼 때

내 지문이 닳는다 나는 돌을 갈아 거울 만들며
청동의 시절 보냈다 바늘 끝도 용납 않는 수로 만들며
손금 바쳤다 칠성판 같은 모루 위에서
여인네 사치 다듬는 세공사 생각하면
손끝에서 오글오글 벌레 알 깨어난다

내 백성의 전생은 헐하다 동굴 속 가부좌로
백성을 벗어나려 했던 때도 있었으나 미라가 되었을 뿐이다
그 결에 애써 불린 몸뚱일 다른 목숨한테 바치지 못한 것이
아직도 찜찜하다 내 백성의 신역은 끝나지 않았는데
이번 생은 마음마저 저렴하다 물이 되어
낮은 곳 지키면서도 제 팔자 제 멋에 취해
사흘돌이로 빌빌댄다 내 숙취의 증거 인멸하는
화장실의 성녀 알현하는 날엔 똥구멍 화끈거린다
그렇게 민(民)을 겪고도 민을 끝내지 못해

조치원(鳥致院)

새가 조롱에 갇혀 살듯
나는 나한테 갇혀 산다
지명(地名) 따라 산다

나무는

감나무를 옮겨 심다
나무는 뭘까, 생각하는데
느티나무 나뭇잎들 바람 따라 반짝반짝 말한다
온몸으로 할 말 다하는 나무는, 민주주의다

나무는 나무답게 산다 뿌리는 뿌리답게
돌 만나면 돌 굽이 출렁 넘는다 땅속 깊이 혈관 내린다
때로는 아귀차게 벼랑 틀어쥔다 바위에 몸통 잡아맨다
잎은 잎답게 햇빛 거둔다 바람 거둔다 하늘 가까이
몸통 끌어올린다 몸통은 손발과 함께 온전히
나무 이룬다 바로 삼권분립이다

산마루에서 남쪽으로 눈 돌아간 나무
이는 바람 때문이다 그럼에도 그는 눈 부라리지 않는다
결 다른 바람 추스른다 잎 늘린다 맘껏 가지 뻗는다 개성이다
홀로라도 온전한 그는 다른 땅 탐하지 않는다 독립이다
그가 선 땅을 다른 곳과 견주지 않는다 자존이다 독립과

자존으로 두루두루 그늘 펼치는 그는 나라다

그늘 너른 그 나라엔 물과 햇빛,
땅과 하늘, 바람과 구름의 시민이 산다 시민은
땅의 푸름을 하늘로 나른다 하늘 청정을 땅속으로 보낸다
깜냥깜냥 몸통 늘린다 따로 나눠 지킬 것은 지키면서도
서로 나눌 건 나눌 줄 아는 시민이 함께 사는
나무는 공화국이다

사방팔방으로 흔드는 팔,
몸통 맞춤하게 땅속으로 뻗는 다리, 그 둘을 묶는
둥치와 어울려 나무는 삼권분립이다 반짝반짝 시민이
바람 앞에서 할 말 다하는 민주주의다 그렇게
나라다 다른 나라와 더불어 살아가는 나무는
공화국이다 화평 온전한 민주공화국이다

나 떠나면

나 떠나면 불옷 곱게 입혀
지리산 하늘로 날려다오 일 년에 한 번쯤
내 생각나면 지리산 바래봉이나 금대암에 올라
천왕봉부터 노고단까지 내닫는 장엄
두 눈에 넘치도록 담아 가라

사노라 살면서 염통 울울한 봄날엔
세석평전 쨍한 신록으로 허파 다독여라
여름엔 한신계곡 얼얼한 물로 머리 헹궈라
가을엔 피아골 단풍으로 가슴 적셔라
그 안에 내 모습 있을 테니

산에 오르기 힘들거든
통영 앞바다 사량도나 욕지도에 뿌려다오
혹여 배가 못 뜨면 거제도로 길을 잡아
바람의 언덕 바람 품에 부려다오 할 수 있다면
제주도 휘휘 돌아 다랑쉬오름에 내려다오

어디에다 나를 맡겼든지
사는 게 만만찮으면 안 와도 된다 내가
바람으로 찾아갈 테니 나를 생각한 날에
바람 불면 나인 줄 알아라 그 바람에
네 가슴의 허튼 것 다 실어 보내라

잡초

나는
세상 낮은 곳에 살아도
소나기 앞이라고 납작 엎드리지 않는다
명지바람 앞이라고 고개 세우지 않는다
나긋나긋 활개로 바람 맞고
낭창낭창 품으로 빗물 안아주는 나는 잡초다
내 이름 모르는 당신한텐 잡초일 뿐이다 그러나
당신이 바람 앙칼진 산에서 억새 칼 맞았을 때
눈에 띄는 대로 내 살점 톡톡 뜯어
다른 두 목숨의 그것과 함께 찧어 붙이면
당신의 피 멎게 하는 약초다 무시로
당신 발길에 채이지만 때로는 끼리끼리 뭉쳐
당신의 아픔 덜어주는 아무런 세 가지 풀 가운데 하나다
바람 불면 바람만큼 몸 흔들며 비 오면
빗발만큼 툭툭 어깨 털며 더욱 아귀차게
이 땅을 움켜쥐는 배경이다 이 땅의 모든 걸
돋워주는 여백이다 당신이 잡초라 하는
나는

해설

사람과 자연의 구경(究竟)

유종인 시인·미술평론가

1.

당신은 어떤 사람을 원하는가? 누가 내게 묻는다면 나는 그 구체적인 실물로서의 사람을 쉬 내놓을 수 없다. 모든 존재가 원하는 사람과 개개의 실존이 구현하고 있는 삶은 얼마간의 괴리가 있기 때문이다. 딱히 혁명가나 풍운아, 시대의 한 인물을 자처할 만큼의 그릇[大器]이 되는 것만이 지고지선의 과제는 아니다. 물론 진정한 인물이나 위인은 모든 악조건을 극복하고 개척한다는 일반론을 적극 실천한 사람이라고 할 수 있다. 그러나 대개의 장삼이사는 평범함이라는 두루뭉술한 현실의 분위기 속에 그들의 삶을 맡긴다. 그 와중에 본래적인 삶의 열망마저 속화(俗化)되기도 한다. 존재의 희망이나 근원적인 가치마저 이 평범함에 얼마간의 자신을 내어주며 안정을 꾀하기도 한다.

이 평범함은 사회적으로 특출난 것 없이 보통의 사회적 상태에 머물고 있는 몬존한 삶이나 현상을 말한다. 이 평범함을 좀 더 적극적으로 개척하는 경우를 평범함의 트임, 평범이 먼동처럼 밝아오는 비범이라 할 수 있다. 이런 평범함에서 번진 보편성을 삶의 주변과 현실에서 찾으려는 마음이 인성이고 천성이다. 거창할 것도 없이 이 천성으로 트여가는 동물의 발자국을 사람이라고 한다면 어떨까. 흔히 인간을 만물의 영장으로 보는 자칭(自稱) 속에는 다른 사물이나 숨탄것에 대한 오만불손과 폭력성이 숨어 있다. 분별이 지혜가 될 수도 있지만 분별이 또한 폭력이 될 수도 있는 지경, 이 둘을 넘어서는 것은 천성을 알아가는 인성의 깨임[覺]에 달렸다.

정진용의 시적 발화(發話)는 이런 사람에 깃든 인성과 천성을 주변의 사물과 자연물, 혹은 세속적 일상 속에서 깨달아가는 서정이 완연하다. 이 세상을 구성하는 것들을 가치의 분화가 아니라 가치의 공유 속에서 한데 깨달아가는 정서적 반응이 여실하다. 가치의 분별을 넘어서고자 하는 시인의 애잔하고 푸른 눈길은 다른 사물 속에도 인간적인 가치 이상의 것이 배어 있다는 것을 발견하는 데서 출발한다.

나는
세상 낮은 곳에 살아도

소나기 앞이라고 납작 엎드리지 않는다
명지바람 앞이라고 고개 세우지 않는다
나긋나긋 활개로 바람 맞고
낭창낭창 품으로 빗물 안아주는 나는 잡초다
내 이름 모르는 당신한텐 잡초일 뿐이다 그러나
당신이 바람 앙칼진 산에서 억새 칼 맞았을 때
눈에 띄는 대로 내 살점 톡톡 뜯어
다른 두 목숨의 그것과 함께 찧어 붙이면
당신의 피 멎게 하는 약초다 무시로
당신 발길에 채이지만 때로는 끼리끼리 뭉쳐
당신의 아픔 덜어주는 아무런 세 가지 풀 가운데 하나다
바람 불면 바람만큼 몸 흔들며 비 오면
빗발만큼 툭툭 어깨 털며 더욱 아귀차게
이 땅을 움켜쥐는 배경이다 이 땅의 모든 걸
돋워 주는 여백이다 당신이 잡초라 하는
나는

—「잡초」 전문

사물 이치에 숨은 가치를 발견하는 눈은 윤똑똑이의 어리석음을 드러내는 데 명민하다. 흔히 잡초라고 싸잡아서 폄훼하는 풀에 깃든 효과는 단순히 쓰임새가 아니라 마음의 문제로 다루어야 더 확연해진다. 사람이나 잡초라 불리는 풀이나 모두 자연과 이 우주 속의 숨탄것이다. 그것은 그것대로 유

의미한 존재다.

"내 살점 톡톡 뜯어/다른 두 목숨의 그것과 함께 짛어 붙이면/당신의 피 멎게 하는" 잡초 속에는 효력을 넘어서는 이타심도 배어 있다. 저만 살겠다고 하지 않는 배려가 깃든 잡초가 정말 몹쓸 것인가 하고 화자는 잡초의 한(恨)을 항변한다. 더불어 잡초는 단순한 잉여식물이 아니다. 오히려 주목받지 못하는 것일 뿐. 그래서 더 눈여겨보고 귀 기울여 살펴야 할 삼라만상 중의 귀중한 일원이다. 그걸 증명이라도 하듯 "빗발만큼 툭툭 어깨 털며 더욱 아귀차게/이 땅을 움켜쥐는 배경"이고 "이 땅의 모든 걸/돋워 주는 여백"으로서의 온전한 풀인 것이다. 그러므로 배경과 여백은 잡초의 실효적 효과보다 더 중요한 역할을 한다. 그것은 바로 존재의 기반을 "움켜쥐는" 적극성과 자신 이외의 것을 "돋워 주는" 배려의 정신을 깃들게 하는 것이다. 이 기능은 그러나 주체적인 드러냄보다는 은근한 비움으로 더욱 오롯해진다. 이 "배경"과 "여백"의 종요로움은 일찍이 노자(老子)가 말한 비움의 형식을 통한 채움의 기능에 부합하는 측면이 있다.

"서른 개 바퀴살이 한 군데로 모여 바퀴통을 만드는데 〔그 가운데〕 아무것도 없음〔無〕 때문에 수레의 쓸모가 생겨납니다. 흙을 빚어 그릇을 만드는데 〔그 가운데〕 아무것도 없음〔無〕 때문에 그릇의 쓸모가 생겨납니다. 문과 창을 뚫어 방을 만드는데 〔그 가운데〕 아무것도 없음〔無〕 때문에 방의 쓸모가 생겨납니다. 그러므로 있음은 이로움을 위한 것이지만 없음은 쓸모가 생겨나게 하는 것입니다."

三十輻共一轂 當其無 有車之用. 埏埴以爲器 當其無 有器之用. 鑿戶牖以爲室 當其無 有室之用. 故有之以利 無之以爲用. —『도덕경』 오강남 풀이

노자 11장이 말하는 '비어 있음' 혹은 '없음'의 가치나 역할과 작용은 정진용의 「잡초」에서는 그 배경과 여백으로 변주되는 기미를 보인다. 자신의 존재를 돌올하게 드러낼 수도 있겠지만 그것보다는 자신을 한없이 낮추고 일견 그 존재마저 미미한 것으로 비움으로써 무용(無用)의 가치에 접근하는 형태를 취한다. 무언가의 배경이 되고 무언가를 북돋아주는 여백이 되는 것은 쉬운 일이 아니다. 저마다 겉모습부터 튀기를 마다않는 세태에 있어서는 더욱 그러하다. 무시와 폄하 속에도 자신의 본령을 지키며 생동하는 잡초야말로 지극히 숨탄것이 아닐 수 없다. 이를 만해(萬海) 식으로 존재의 정수리에 들이붓는 이가 있으니 그것은 잡초를 우주의 적자로 보는 시인의 맑고 순정한 분노의 눈길이다. 그런 의미에서 시인의 분노는 아집과 시기의 분노가 아니라 온전하고 온당한 것을 향유하려는 분노일 수밖에 없다.

자기 비움[無]의 자세는 생각만큼 쉬운 것이 아니라서 그런

비움의 마음 상태는 줄곧 이타적인 그리움을 담는 데 여실하다. 자기를 깨끗하게 비울 줄 아는 사람만이 자기 이외의 아름다움을 온전히 받아 담고 그것을 온전히 품으려는 열망의 도가니가 될 수 있다.

나
당신의 눈썹을 보고
망각의 골방 뒤져보면

당신의 갖신을 지으면서도
당신 눈매 생각하다 서걱, 반월도에
손가락 물린 적 있습니다

당신 눈썹이 이끄는 대로 당신을 찾아
월아천 지났습니다 타클라마칸 사막도 건넜습니다

카파도키아 동굴 여관에서
당신이 크레타 섬에 있다는 바람의 말 듣고
지중해 범선을 탔을 때 당신을 만났습니다만

니캅 속 당신의 눈썹이 건네는
다마스커스 검의 서슬을 그대로 받아들고
나 홀로 순교처럼 돌아섰습니다

안녕, 내내 안녕
내 눈에서 도려낸 당신의 눈썹을
메소포타미아 하늘에 걸어놓고는
그게 다일 줄 알았는데
다시 살아 당신 만날 줄이야

당신 때문에 밤 뒤집을 줄이야
히말라야 바람 앞의 룽다처럼 밤 뒤집을 줄이야

—「초승달」 전문

초승달로 비유한 시인의 사랑은 시공간을 넘나드는 다양한 상대의 이력을 소환한다. 사랑의 역사라고 해도 좋을 이 시공간의 몽유는 그대로 비움을 통한 사랑의 전유(全有)라는 내공을 쌓는 존재의 여행을 가능하게 한다.

초승달도 하나의 비어 있는 그릇, 꽉 채워지지 않은 비움의 심정적 상태, 그것이 바로 진정한 채움의 기명(器皿)으로 기능하는 노자(老子)의 패러독스와 부합한다. 시인이 정인을 찾아 지구 곳곳을 떠도는 그 바람의 행각이야말로 존재를 온전히 일리게 한다. 그것은 물질적인 채움의 소유욕이 아니라 점차 비워가면서 열리는 각성의 단계라고 보아야 한다. 비움으로 열려가는 시공간을 여행해 보라, 고 시인은 말한다. 그 원동력은 세속적인 풍요만이 아니라 마음의 눈길임은 두말할 여지가 없다. 비움을 통한 채움의 시공간은 다양한 삶과 여러 생의 층위를 가능하게 한다. "타클라마칸 사막"에서부터 "지중해"를 거쳐 "니캅 속 당신의 눈썹이 건네는" 시리아의 "다마스커스"에 이르기까지 여러 생으로 분화하면서도 한 마음이다. 시인의 이런 여행은 육신을 영혼으로 결속하는 사랑의 영속성을 은근히 부추긴다. 이 부추김은 낙락한 존재의 열망을 풀어놓는 계기를 마련하고 삶의 유한함을 영원에 비끄러매는 촉매 역할을 한다. 어디에도 없는 당신일 수도 있지만 어디에도 있는 당신에게로 가는 마음 여행은 쓸쓸하면서도 달콤하고 황량하면서도 명랑할 수 있다.

> 바닷가 모래밭에 찍힌
> 고라니 발자국을 따라가다
> 너럭바위 부근에서 놓쳤습니다
> 이리저리 발자국 찾다 책을 봤습니다
> 행성 지구가 아주 옛날부터 쓴 겁니다
> 바다에 다다른 온갖 이야기 중에
> 떠날 것은 떠나고 남을 것만 남은 것을
> 꽁꽁 묶었습니다 이걸 알려주려
> 고라니가 모래밭에 보람 남긴 겁니다
> 책 속의 이야기는 아직 미완인지
> 파도가 거듭거듭 다듬고 있습니다
> 솨솨 바람도 소리 내어 거들고 있습니다
> 밀물이 되면 먼 바다 얘기 듣고 온 물결이

생뚱맞은 곳은 없는지 다시 손볼 겁니다
막히는 곳은 몇 번이고 들춰보면서
완벽을 향해 거듭 갈고닦을 겁니다
얼핏 책을 보고 돌아서는 길
고라니가 길을 잃은 까닭을 알겠습니다

—「적벽강」 전문

적벽강의 일명 책(冊)바위에 대한 시인의 다감한 눈길은 바닷가 바위라는 경물이 지닌 깊디깊은 일대기를 가늠하게 한다. 이 경물에 대한 활유적 묘사, "행성 지구가 아주 옛날부터 쓴" 책이라는 비유를 통해 그 내용이 여전히 미답처럼 궁금해진다. 그런데 이 미답의 내용은 "책 속의 이야기는 아직 미완인지/파도가 거듭거듭 다듬고" 있는 형편이다. 그렇다면 그 내용은 여전히 현재진행형으로 고치고 쓰고 다시 고치고 있는 형국이니 더욱 흥미롭지 않을 수 없다. 그렇다면 이 책에 대한 소견을 피력하는 것이 경솔할 수도 있지만 그것을 시적 상상으로 들여다보는 것은 은밀한 즐거움이 아닐 수 없다. 그러니 "손볼" 곳은 손보면서 바다가 쓰고 있는 이 책을 '인간에 대한 연애'로 보는 것은 어떨까. 아니 보고 느끼는 사람마다 다 다른 내용으로 각색되고 변경돼도 무방하다. 아니 기꺼울 것이다. 달리 보고 달리 풀어 쓰는 재미가 쏠쏠할 것이다. 하나의 경물이 다양한 생각의 그늘을 드리우고 있다는 것은 일종의 행복일 수도 있다. 미완의 사랑을 자꾸 고치고 손보는 일이 사랑에 대한 인간의 예의라고 한다면 이 책바위 속에는 아직도 바다가 들이밀고 싶은 사랑의 완전체가 여전히 갈마들 것이다. 바위가 묵묵부답으로 바닷바람과 파도에 채근당하는 것도 알고 보면 더 깊은 열림으로 나가는 사랑의 뚝심처럼 보일 수도 있겠다.

2.

사람에 대한 겸허한 응대와 연민은 사람의 존엄을 믿는 것에서 시작한다. 인간은 그 자체로 목적이어야 하고 사랑의 대상일 수밖에 없다는 범박하지만 절체절명의 명제를 결코 포기한 적 없는 사랑이 바로 겸애(兼愛)다. 그러나 그런 겸애의 거울에 비춰볼 때 오늘의 세상 현실은 어떠한가.

교회는 은총처럼 노예제 인가한다
저 잘난 줄만 아는 인간이 아프리카 사람들 사로잡는다
멍에 씌운다 낙인 찍는다 사슬 묶는다 배에 싣는다
대서양 건넌다 죽지 못한 노예는 카카오 거둔다
종신토록 거둔다 그래 유럽의 입맛은 고상하다
그들만의 믿음처럼 고상하다

저만 아는 인간이 힘없는 사람의 손가락 자른다

약한 사람은 계약서에 서명한다 계약은 합법이다 효력은
완벽하다 근로자는 약속 지킨다 카카오 거둔다
땡볕 거둔다 품삯은 일용할 양식, 오로지
살아있는 날의 끼니뿐 그동안 유럽 사람은
초콜릿하우스에서 초콜릿 마신다 초콜릿 더불어
자유, 인권, 정의 논한다

감미롭다 초콜릿은
감미롭다 주둥이만 천국에 갈 인간의 탐욕으로
감미롭다 맑고 깨끗한 영혼을 많이 품고 있을수록 더욱
감미롭다 상간처럼 감미롭다 그래서 당신도 초콜릿을
먹는가 당신의 한때 군것질 값은 눈빛 깊은
아프리카 아이의 며칠 일당, 그래 초콜릿이 맛있는가

아즈텍 사원 위에 저들의 신을 모신 인간,
검은 목숨을 쪽쪽 빨아먹고 잘만 사는 약탈자의 후예,
제 조상을 노예로 팔아먹던 인간의 신을 받들던
아프리카 대통령, 혼자만의 공정으로
새까만 한숨을 헐값에 훌치는 초콜릿 회사처럼
아프리카의 육즙을 먹고 싶은가
초콜릿을 먹고 싶은가
당신은

—「당신은」 부분

『나쁜초콜릿』이란 책의 독후감 형식인 이 시편은 자기 비움과 자기 낮춤의 겸허가 반이성적 세계의 몰상식과 몰이해의 행태를 무비판적으로 받자하지만은 않는다는 것을 단적으로 보여준다. 반인류적이며 반이성적인 반칙이 아직도 유효하고 횡행하는 현실을 초콜릿의 원료인 코코아의 생산과 관리, 유통과 노동관계 등을 통해 단적으로 포착한다. 무엇보다 제3세계 정치와 노동과 인권현실이 서구 선진 유럽에서 어떻게 왜곡되고 유린된 채 착취돼 유통되는가를 보여준다. 아프리카에서는 얼마든지 가능한 반인간적 사회현실을 토대로, 서구 유럽에서는 절대 수용되지 않을 인간적 상황이라면 이것 자체로 세계는 부조리하며 그것은 인간 그 자체의 모순이며 배신일 수밖에 없다는 분노가 "아프리카의 육즙을 먹"는 착취의 대상에게 육성 그대로 묻고 있다. 바로 "새까만 한숨을 헐값에 훌치는 초콜릿 회사처럼" 소위 문명 선진국이며 글로벌기업이라는 당신은 "아프리카 아이들의 며칠 일당"을 그에 "먹고 싶은가"라고 되묻는다. 아직도 인간에 대한, 아니 눈앞 한 사람의 열악한 현실에 대한 바라봄조차 제대로 못하는 것에 핏발선 눈으로 묻고 있는 것이다. 물론 천민자본이 매개하는 아프리카를 비롯한 제3세계의 현실을 서구 선진 유럽만 탓하기에는 무리가 따르는 것도 사실이다. 그러나 이런 구조적 현실을 방치하고 용인하는 소위 선진 열강의 냉담한 심장이 존재하는 것마저 부인할 수는 없다.

달콤한 초콜릿 속에 내장된 무언의 폭력과 착취, 한숨과 죽음을 간과할 수 없다는 화자의 비판은 겸허한 자기 낮춤과 자기 비움의 정서를 구가하는 시인의 또 다른 결기이다. 온후한 화자의 심성에 반하는 세계 내적 불공정과 반인류에 대한 통렬하고 직설적인 비판은 이 시인의 국내, 혹은 생활 주변을 대할 때에는 더 능청스럽고 풍자적인 양상을 드러낸다.

막차가 시내로 떠났다
누가 밤을 빌려 시골을 찾는지
고막 너른 똥개가 짖어댄다 딴엔
시골 적막 흔드는 기척을 그 쥔한테 알리려는 것인데

컹컹 얘기 들은 동네 모든 개가
밥값은 해야 한다 늦게라도 짖어야 한다
새끼도 별수 없다 줄줄이 짖어대는 통에
궁둥이 육중한 욕쟁이까지 일어난 것인데

하
…(중략)…
입이 뒤집어지도록 하품한 그녀가
어둠 가득 널브러진 제 집 암캐 목청에
철
철

철

철

오줌을 내갈기며 씨불거렸다

아따, 저 육시랄 년의 개

엊그제 도둑 들 땐 짖도 않더니

아가리 뒀다 씹 만들라 그랬는지

아예 짖도 않더니 오늘은 웬 지랄이여

지랄은

―「요즘 뉴스」 부분

웃음이 비어져 나오고 속이 좀 트인다. 육두문자가 폭력이 아니라 청량제 역할을 하는 건 그만큼 작금의 현실이 주는 답답함을 대변하기 때문이다. 주인을 못 알아보는 개의 악다구니나 그런 개가 정작 도둑한테는 침묵했다는 사실은 단순한 일상의 일로만 여기기에는 어딘가 시사하는 바가 적지 않다. 적반하장의 무례와 황당한 주객전도의 상황을 대적하는 시적 화자의 말은 점잔을 빼는 말로써는 도저히 격이 맞지 않는다. 그러니 "오줌을 내갈기며 씨불거"리는 것은 어쩌면 당연하고 의연하기까지 하다.

소위 사회적 정의나 공정에 대한 회의론이 시민사회에서 급격하게 대두되는 현실에서 이런 시적 너스레가 현실에 대한 시적 알레고리로 읽히는 재미도 쏠쏠하다. 생활 주변의 어처구니없는 상황이 그대로 사회적 현상과 궤를 같이하는 사태는 불행하게도 사실적인 맥락을 지닌다. 그런 불편한 현실에 대처하는, 혹은 그런 불공정의 확산과 반인간적 정서의 확산을 차단하는 시인의 또 다른 눈길이 치열해지길 바라는 것도 이 대목이다. 방기(放棄)하듯 "씨불거렸다"를 넘어서는 지점이 긴요하다. 그 은밀하지만 웅숭깊은 정신의 결기가 가열(苛烈)찰 때 육두문자와 인욕을 넘어서는 시인의 늠름한 에스프리가 북돋아질 것이다.

그렇다면 이 사회를 보는 시인의 정치적 혹은 인문사회학적 함의는 무엇을 지향하는가를 살펴보는 것도 중요하다. 그것은 당장의 현실적 해결책으로 활용되기에 앞서 공동체와 인간을 바라보는 시적 비전이나 의지로써 선행돼야 하는 측면이 있다. 생각과 감성이 얼마나 인간 공통의 정서에 부합할 수 있는가는 소위 소외를 극복하고 이념과 종교를 넘어서는 소통의 울림을 자아낼 수 있기 때문이다. 그 울림을 열어나가는 화자의 눈길은 관념과 현상을 하나로 교응(交應)해나가는 감각적 인식에 탁월하다.

> 나라는 무슨 색일까
> 때로는 빨강이다 이 땅의 사람이
> 이 땅에 살려고 뿌린 선홍색 목숨 빛이다
> 종묘 숲 저 빨강의 보색 나무가 이 땅의

목숨 빛 거두어 저리도 헌칠한 것이다

나라는 무슨 소리일까
때로는 계면조 선율이다 오랑캐 언월도나
애먼 난장을 맞던 사람의 비명이다
오지랖 널따란 저 나무가 이 땅의
울음 거두느라 잎 그물 촘촘한 것이다

나라는 무슨 냄새일까
때로는 비린내다 이 땅의 사람이
이 땅에 바친 땀내다 피비린내다 그걸
씻어내는 눈물내다 소나기 물비린내다
저 나무가 이 땅의 모든 냄새 거르느라
잔뿌리 촘촘한 것이다

나라는 무슨 맛일까
때로는 소태맛이다 이 땅의 사람이
진땀으로 키우는 떫고도 신 돌배 맛이다
내가 그 맛을 모르는 것은
품 깊은 저 나무가 이 땅의 오미를
제 몸내로 덮었기 때문이다

나라는 무슨 느낌일까

때로는 자릿자릿 촉감이다 이 땅에 살아
이 땅의 흙이 된 사람으로 이 땅의
나무가 자란다는 것을 알 때부터 머리털 곤두서는
더듬이다 생쥐나 여우 보기 싫다고
도려낼 수 없는 성감대다

—「나라, 때로는」 전문

국가는 일정한 지향점을 갖춘 체제와 이념을 거느리지만 그 국민은 다양한 정치적 성향과 이념, 종교적 신념과 여러 취향을 공유하기도 하고 분별하기도 한다. 앞서 말한 시인의 정치적 혹은 인문사회학적 함의는 어떤 특정 성향을 드러내기에 앞서 국가 존립의 실존적 가치를 시인 스스로 다섯 가지 감각에 문진하고 있다. 여기엔 한 나라의 대부분이 "이 땅의 흙이 된 사람으로 이 땅의/나무가 자란다"는 민본주의가 바탕을 이룬다. 민초의 희생과 노력과 성실한 직분 덕택으로 나라가 유지될 수 있다는 상식이 이 시편에서는 나무라는 상징물로 나타난다. 그 나무가 자생하고 갱생하며 오래도록 생장하는 여건은 바로 이타적인 희생이다. 그런 바탕을 통해 국가는 "품 깊은 저 나무가 이 땅의 오미를" 받아들여 항구한 영장목(靈長目)처럼 살아가는 것이다.

색깔과 소리와 냄새와 맛으로 이루어진 나무는 그대로 국가와 국민에 대한 존립 의지를 생각하게 한다. 그것은 독선을 넘어서는 연대와 희생에 대한 생각으로 번져나간다. 정치적 성향으로서의 좌파나 우파나 중도 같은 것도 이런 우람한 국가의 생장 배경 앞에서는 숙연할 수밖에 없다. 국가라는 큰 울타리를 키우는 데는 범속한 듯 보이나 그지없이 선한 이타심이 자리 잡을 수밖에 없다. 그런데 흥미로운 점은 이 국가라는 나무는 죽음을 매개로 성장하는 비극성을 가졌다. 죽음이라는 절체절명의 자양분을 통해 자라는 국가는 그래서 더욱 큰 대의를 이 시에 부여하고 있는지도 모른다.

시인이 애써 외면하려 해도 결코 모른 척할 수 없는 민중의 삶에 대한 눈길은 「잡초」를 대하는 그의 인식과 궤를 같이한다. 장삼이사 민초의 삶을 부풀리지도, 깔보지도 않는 눈으로 볼 때라야만 그 풀을 "내가 당신 이름 모른다고/당신한테 잡것이라 하더냐"(「풀」 부분)고 정직한 저항과 순수한 분노를 드러낼 수 있을 것이다. 권력의 허울과 몽매를 깨우는 것은 지식층과 기득권 세력이 아니라 바로 이런 보편적 인식에 마음바탕을 둔 시인의 서정적 분노, 그 언어일 수밖에 없다.

3.

미래의 어느 날 앞에 앉아 그때껏 살아온 자신의 삶을 거리를 둔 채 친견하는 기분은 어떨까. 아마 소슬하고 서늘하며 약간의 허무와 얼마간의 형언할 수 없는 비애는 아닐까. 어떤 삶이든 그것은 쌓이는 바위가 아니며 고칠 수 있는 병도 아니다. 이런 자신의 인생이 고스란히 자연의 것, 혹은 무화(無化)의 그늘로 입적(入寂)하는 것이 시인의 마지막 소망인지도 모른다. 그것은 죽음의 그늘에 애옥살이하는 두려움 때문이 아니라 더 넓은 지경으로 존재의 형신(形神)을 풀어놓고자 하는 적극적인 열망이다.

정진용에게는 그동안 낡고 상투적인 소재로 전락해버린 서정적 혹은 서경적인 대상, 그 자연물이자 경물이 아직도 새뜻한 심정 마련에 이바지하고 있다. 자연의 경물이 새롭지 않은 것은 자연이 새롭지 않아서가 아니라 그걸 도외시하고 관성적으로 넘겨온 사람의 타성 때문임을 시인의 눈길은 습습하게 보여준다.

그 하회탈 웃음 챙겨와
별빛과 동무하던 어느 날
아버지의 목낫이 하늘로 마중 나와
그래 괜찮니, 묻기에 하얗게 웃었다

사는 게 한입 물어뜯은 저 하늘의 뻥튀기 같아

—「별」 부분

단순한 비유일 수도 있지만, 시인은 왜 밤하늘의 달을 보고 "하늘의 뻥튀기" 같다고 했을까. 뻥튀기라는 군것질거리가 가진 속성과 삶이라는 유한성을 비교하지 않을 수 없다. 허망과 자성이 한데 어우러진 의미로써 "뻥튀기"는 그대로 우리 인생과 함께하는 덧없음을 드러낸다고 볼 수 있다. 그 덧없음이 과연 단순한 허무주의나 비관적 감상으로 그칠 것이냐 하면 그렇지는 않아 보인다. 그의 허망을 엿볼 수 있는 낙관적 표정인 "하회탈 웃음"은 그 웃음이 나타내는 능란하고 구수한 주름만큼이나 세월이 주는 순치(馴致)의 힘, 연륜의 힘을 그도 체득해 나가고 있음을 보여주는 것은 아닐까.

내 간악한 혓바닥이 포해(脯醢) 달고 살던 때 있었다
나는 도적의 수괴로 만삭의 양을 산 채로 삶아
태 속의 보들보들 살점 곁들여 배갈 즐겼다 처녀를
겁탈하고 그 상육(想肉)의 질감을 곱씹던 날이
내 미각의 화룡점정 시대였다 지금도 탱글탱글
수육을 만나거나 쫀득쫀득 회를 맞는 날엔 가끔씩
백성 아니었던 시절 도척의 날이 그립다

—「야사」 부분

애면글면
하루치의 파도 헤치고 돌아온 밤
애비는 미안하다 고등어한테 쫓기는 멸치 떼처럼
안방으로 몰려와 얼기설기 꿈 엮는

너희 머리맡에서 애비는 어깨 줄어든다
똑 애비의 어릴 적 모습으로 명치 휘젓는 것들아
문어에미 날로 먹고 뚝지애비 통째 먹고
바다 되어라 하늘로 팔뚝질 않고
땅끝에 침 뱉지 않는 바다 되어라 이게
항렬만 높은 영일 정씨 지손 집안이
새로 세워야 할 가풍이란다 낮은 품계
작은 녹봉으로 육지 받드는 애비의 유산이란다

—「거룩한 가계도」 부분

정진용에게 있어 역사는 사실만이 온전한 정사의 한계를 뛰어넘어 심정적 전이가 일어난 상상의 영역까지 활달하게 거느린다. 「야사」는 그런 의미에서 시인이 자신의 분신 같은 존재가 누렸을 다양한 역사적 사실을 추체험(追體驗)하게 하는 마음의 창고라고 해도 무방하다. 그는 자신의 실존을 찾아 다양한 모습으로 변신하고 분화하는 야사의 자유분방한 상황과 욕망 속을 전전한다.

선악과 미추를 넘어서는 지점에 시인의 진정한 자아가 영검(靈劍)을 차고 배회하는 것도 어찌 보면 존재의 온전한 옹립이라 할 만하다. 상상을 통한 종횡무진의 역사를 반드는 것으로 볼 때 "겁탈하고 그 상육(想肉)의 질감을 곱씹던 날이/내 미각의 화룡점정 시대"는 욕망이 이뤄내는 또 다른 세계의 방출이다. 이 야차와도 같은 욕망의 실현을 단순한 도덕

률로 평가할 수만은 없다. 그것은 현실이 아닌 상상으로 실존의 욕망을 해갈하는 시의 한 측면이기 때문이다. 어찌하여 무리한을 자처하는가 묻는다면 그것은 생래적 욕망이기 때문이다. 그럼에도 그런 욕망은 현실적 추구를 할 수 없기에 "백성 아니었던 시절 도척의 날"이 그리울 따름이다. 어쩌면 시인 자신이 존재의 욕망을 부지런히 포착하고 섭외하는 도척(盜跖)인지도 모른다.

그러나 시인은 여지없이 현실의 존재다. 근원적 실존의 환경 속에 머무르는 가장이기도 하다. 역사의 가공을 통한 존재의 자유를 구가하는 상상이 늡늡하고 호활하지만 생활의 편력 속에서 시인은 또 얽매임과 책무의 굴레를 매순간 자각하지 않을 수 없는 존재이기도 하다. 생활의 달인이 되기는 쉽지 않아서 "애비는 미안하"고 오히려 그 생활에 "고등어한테 쫓기는 멸치 떼처럼" 닦달을 당하듯 "안방으로 몰려와 얼기설기 꿈 엮는" 자식들 머리맡에서 또다시 "애비는 어깨 줄어"들고 만다. 거룩할 것도 마냥 짠할 것도 없는 가장의 실존은 "작은 녹봉으로 육지 받드는 애비"일 따름이다. 이것이 현실을 살아내는 화자의 실존이자 정사라고 볼진대, 시인은 그런 존재의 현실을 시적 서정과 결기로 먼동처럼 트여내곤 한다. 열악한 현실과 무엄한 도시의 활극이 그늘 짙은 곳에서 시인의 가슴은 자연으로 방향을 튼다.

나 떠나면 불옷 곱게 입혀
지리산 하늘로 날려다오 일 년에 한 번이라도
내 생각나면 지리산 바래봉이나 금대암에 올라
천왕봉부터 노고단까지 내닫는 장엄
두 눈에 넘치도록 담아 가라

사노라 살면서 염통 울울한 봄날엔
세석평전 쨍한 신록으로 허파 다독여라
여름엔 한신계곡 얼얼한 물로 머리 헹궈라
가을엔 피아골 단풍으로 가슴 적셔라
그 안에 내 모습 있을 테니

산에 오르기 힘들거든
통영 앞바다 사량도나 욕지도에 뿌려다오
혹여 배가 못 뜨면 거제도로 길을 잡아
바람의 언덕 바람 품에 부려다오 할 수 있다면
제주도 휘휘 돌아 다랑쉬오름에 내려다오

어디에다 나를 맡겼든지
사는 게 만만찮으면 안 와도 된다 내가
바람으로 찾아갈 테니 나를 생각한 날에
바람 불면 나인 줄 알아라 그 바람에
네 가슴의 허튼 것 다 실어 보내라

—「나 떠나면」 전문

삶을 에워싸는 죽음, 그 소멸은 비애와 허무를 자아내지만 시인의 달관한 품성은 소슬한 자연의 절경에 기대어 오히려 마음의 허허 처신을 낳는다. 죽음을 회피하지 않고 존재의 확장으로 여기는 마음으로 세상을 새롭게 본다. 혐오와 염세의 기조를 벗고 낙관과 조화를 꾀하는 것, 이것은 자연의 진경만이 아니라 마음이 새롭게 "내닫는 장엄"이 아닐 수 없다.

시인이 추구하는 삶의 진경은 "어디에다 나를 맡겼든지" 스스로 "한신계곡 얼얼한 물로 머리 헹"구듯 "세석평전 쨍한 신록으로 허파 다독"이듯 걸림 없는 자유의 신통(神通)으로 트여가는 것이다. 삶에서든 죽음에서든 존재의 입지를 조화시키려는 시인의 정직하고 여유로운 서정은 그 언어가 자연과 두동지지 않는다. 세상과 척지지 않는다. 사람으로부터 혹은 자연의 문법을 읽는 마음으로 하여 시인은 자꾸 먼동처럼 가슴이 트인다 트인다 할 것이다.

이 도서의 국립중앙도서관 출판시도서목록(CIP)은 서지정보유통지원시스템 홈페이지(http://seoji.nl.go.kr)와 국가자료공동목록시스템(http://www.nl.go.kr/kolisnet)에서 이용하실 수 있습니다.(CIP제어번호: CIP2017005260)

문학의전당 시인선 0250

여전히 안녕하신지요?

초판 1쇄 인쇄 2017년 3월 6일
초판 1쇄 발행 2017년 3월 13일
지은이 정진용
펴낸이 고영
책임편집 서윤후
디자인 헤이존
펴낸곳 문학의전당
출판등록 제2017-000002호
주소 서울시 마포구 마포대로 11길 91, 3층
전화 02-852-1977 팩스 02-852-1978
전자우편 sbpoem@naver.com

ISBN 979-11-5896-308-8 03810